Inhalt

Liebe Leserin, lieber Leser,

vielen Dank, dass Du Dich für den Kauf meines Buches entschieden hast.

Ich möchte an dieser Stelle die Gelegenheit nutzen und mich kurz vorstellen.

Ich heiße Michael Medvidov, bin 1991 in Dnipro in der Ukraine geboren und in Deutschland aufgewachsen. Jetzt lebe ich in Düsseldorf.

Ich bin gelernter Vermögensberater & Kaufmann für Versicherungen und Finanzen, habe meinen Wirtschaftsfachwirt gemacht und anschließend den SAP-Finanzbuchhalter. Die Finanzwelt ist daher seit vielen Jahren ein großer Teil meines Lebens.

Ich habe in diesem Buch Themen für Dich zusammengetragen, die Dich vielleicht nicht kurzfristig reich machen werden, die allerdings für ein wenig Finanzwissen im Alltag sorgen und nachhaltig eine große Wirkung haben.

Viel Spaß beim Lesen!

Hast du dir jemals Gedanken darüber gemacht, wie du deine finanzielle Zukunft gestalten willst?

Ob du es glaubst oder nicht, jeder von uns hat finanzielle Ziele und Träume, aber oft fehlt uns ein konkreter Plan, um sie zu erreichen.

Das ist, wo finanzielle Planung ins Spiel kommt.

Es hilft dir, deine finanziellen Ziele zu definieren und einen Plan zu entwickeln, um sie zu erreichen.

Bevor man sich damit auseinandersetzt, muss ein Fundament an Grundwissen bestehen.

Diese Themen behandelt das Buch "Finanzalmanach".

Hier findet sich eine große Portion an Inspiration, wie man das Beste aus seinen Finanzen macht und eine finanziell sichere Zukunft gestaltet.

Budgetierung und Sparplanung

Budgetierung ist wie ein Plan für dein Geld.

Du schaust dir an, wie viel Geld du jeden Monat verdienst und wie viel du ausgibst. Dann versuchst du, deine Ausgaben so zu organisieren, dass sie innerhalb deines Einkommens bleiben. Das hilft dir, Probleme zu vermeiden und deine Ziele zu erreichen.

Du kannst zum Beispiel eine Liste machen, welche Ausgaben wichtig sind und welche nicht so wichtig sind. So kannst du sicherstellen, dass du genug Geld für die wichtigen Dinge hast und nicht zu viel für unnötige Dinge ausgibst.

Sparplanung ist ähnlich, aber es geht darum, Geld für die Zukunft zu sammeln. Du setzt dir Ziele wie zum Beispiel eine Anzahlung für ein Haus, eine Ausbildung oder eine Altersvorsorge und entscheidest, wie viel Geld du jeden Monat dafür zurücklegen willst.

Du investierst dann das gesammelte Geld in verschiedene Sachen, um das Risiko zu minimieren. Es gibt viele Möglichkeiten zum Investieren, zum Beispiel Aktien, Anleihen, Immobilien oder Edelmetalle.

Jede Art von Investition hat ihre eigenen Risiken und Chancen, deshalb ist es wichtig, sich gut zu informieren bevor man sich entscheidet.

Ein weiterer wichtiger Aspekt der Sparplanung ist die Aufrechterhaltung der Disziplin, um die festgelegten Beitragsraten und die Ausgabenbeschränkungen einzuhalten.

Dies erfordert oft die Verwendung von Budgetierungstechniken, um die Ausgaben im Auge zu behalten und sicherzustellen, dass genug Geld für die Erfüllung der Sparziele übrigbleibt.

Zusammengefasst, Budgetierung und Sparplanung sind eng miteinander verbunden und sind beide wichtige Elemente für die Verwaltung von Finanzen und Erreichung von finanziellen Zielen.

Sie erfordern Disziplin und Durchhaltevermögen, aber können helfen, finanzielle Unsicherheiten zu minimieren und sicherzustellen, dass man die finanziellen Ziele erreicht, die man sich gesetzt hat.

Kreditaufnahme und Schuldenmanagement

Kreditaufnahme ist, wenn du Geld von jemandem leihst, zum Beispiel von einer Bank oder einem Kreditgeber. Sie geben dir das Geld, und du musst es zurückzahlen, normalerweise mit Zinsen.

Es gibt viele verschiedene Arten von Krediten, wie zum Beispiel Autokredite, Hypothekenkredite und Kreditkartenkredite. Jeder hat seine eigenen Bedingungen und Zinsen, also ist es wichtig, sich gut zu informieren, bevor man einen Kredit aufnimmt.

Schuldenmanagement ist wie ein Plan, um deine Kredite und Schulden in den Griff zu bekommen.

Du schaust dir an, wie viel Schulden du hast und wie viel du jeden Monat zurückzahlen musst. Dann versuchst du, eine Routine zu finden, um die Schulden so schnell wie möglich zurückzuzahlen. Es gibt viele verschiedene Möglichkeiten, Schulden zu bewältigen, wie zum Beispiel eine Umschuldung, eine Konsolidierung oder eine Verhandlung mit deinen Gläubigern.

Eine der ersten Schritte beim Schuldenmanagement ist die Erstellung eines Haushaltsplans und einer Übersicht über die Schulden, um zu verstehen, welche Schulden am dringlichsten zurückgezahlt werden müssen und welche Prioritäten festgelegt werden sollten.

Es ist auch wichtig, die Zinsen und Gebühren zu verstehen, die auf den Schulden lasten, und zu prüfen, ob es Möglichkeiten gibt, diese zu reduzieren oder zu vermeiden.

Eine weitere wichtige Methode beim Schuldenmanagement ist die Anwendung von Budgetierungstechniken, um sicherzustellen, dass genug Geld für die Rückzahlung der Schulden und die Erfüllung anderer Finanzverpflichtungen übrig bleibt. Dies kann durch die Einschränkung von unnötigen Ausgaben oder die Erhöhung des Einkommens erreicht werden.

In der Schlussfolgerung, Kreditaufnahme und Schuldenmanagement sind eng miteinander verbunden und beide wichtige Aspekte für die Verwaltung von Finanzen. Es ist wichtig, sorgfältig darüber nachzudenken, ob ein Kredit notwendig ist und welche Art von Kredit am besten geeignet ist.

Investitionsstrategien

Investitionsstrategien sind Pläne, wie man sein Geld in verschiedene Anlageoptionen steckt, um es zu vermehren. Es geht darum, das Risiko zu minimieren und die Rendite zu maximieren. Es gibt viele verschiedene Arten von Investitionsstrategien, wie zum Beispiel:

• Value Investing: Hier geht es darum, Aktien von Unternehmen zu kaufen, die unter ihrem wahren Wert gehandelt werden. Der Investor glaubt, dass der Wert des Unternehmens in Zukunft steigen wird.

• Wachstums-Investing: Hier geht es darum, in Unternehmen zu investieren, die schnell wachsen und ein hohes Potenzial haben. Diese Unternehmen haben normalerweise hohe Verluste, aber auch ein hohes Potenzial.

- Diversifikation: Hier geht es darum, das Risiko zu minimieren, indem man in verschiedene Anlageoptionen wie Aktien, Anleihen, Immobilien und Edelmetalle investiert. So kann man das Risiko auf verschiedene Anlagen verteilen und nicht alles auf eine Karte setzen.

- Passives Investieren: Hier geht es darum, in Investmentfonds oder ETFs zu investieren, die einen bestimmten Index wie den S&P 500 nachbilden. Der Investor nimmt an der allgemeinen Entwicklung des Marktes teil, anstatt aktiv einzelne Aktien auszuwählen.

- Aktives Investieren: Hier geht es darum, aktiv einzelne Aktien, Anleihen oder andere Anlageoptionen auszuwählen und zu verwalten. Der Investor versucht, die allgemeine Marktentwicklung durch gezielte Anlageentscheidungen zu schlagen.

Es ist wichtig zu beachten, dass jede Investitionsstrategie ihre eigenen Risiken und Chancen hat und dass es keine Garantie für einen Gewinn gibt. Es ist wichtig, sich gut zu informieren und die eigenen Ziele, Risikotoleranz und Finanzsituation zu berücksichtigen, bevor man in eine bestimmte Strategie investiert. Eine gute Praxis ist es auch, sich regelmäßig mit dem eigenen Portfolio auseinandersetzen und gegebenenfalls Anpassungen vorzunehmen.

Finanzplanung für den Ruhestand

Finanzplanung für den Ruhestand bedeutet sich frühzeitig Gedanken darüber zu machen, wie man seine Finanzen im Ruhestand sicherstellen kann. Es geht darum, eine Vorstellung davon zu haben, wie viel Geld man im Ruhestand benötigt und wie man dieses Geld aufbauen kann.

Eine wichtige Sache, die man berücksichtigen sollte, ist die Höhe der gesetzlichen Renten, die man im Ruhestand beziehen wird. In Deutschland bezieht man zum Beispiel eine gesetzliche Rente aus der gesetzlichen Rentenversicherung, die jedoch oft nicht ausreichend ist um den Lebensstandard im Ruhestand zu sichern.

Eine Möglichkeit, diese Lücke zu schließen, ist durch private Vorsorge, wie zum Beispiel Riester-Rente oder betriebliche Altersversorgung. Diese Formen der Altersvorsorge ermöglichen es, zusätzlich zur gesetzlichen Rente, Geld aufzubauen, das im Ruhestand zur Verfügung steht.

Es gibt auch die Möglichkeit, durch Aktien, Immobilien oder andere Anlageformen Vermögen aufzubauen. Hierbei ist jedoch zu beachten, dass diese Anlageformen mit einem höheren Risiko verbunden sind und es keine Garantie für eine hohe Rendite gibt.

Ein weiterer wichtiger Aspekt ist die Schuldenmanagement, denn es ist wichtig, vor dem Ruhestand Schulden abzubauen um im Ruhestand nicht von Schulden belastet zu sein.

Es ist auch wichtig, sich regelmäßig mit seiner Finanzplanung für den Ruhestand auseinandersetzen und gegebenenfalls Anpassungen vorzunehmen. So kann man sicherstellen, dass man im Ruhestand die finanzielle Sicherheit hat, die man sich wünscht. Es ist wichtig, sich frühzeitig damit auseinanderzusetzen um genug Zeit zu haben, seine Finanzen entsprechend aufzubauen.

Steuervorteile nutzen

Steuervorteile nutzen bedeutet, dass man sich mit den verschiedenen Möglichkeiten auseinandersetzt, die es gibt, um Steuern zu sparen. Dazu gehört zum Beispiel, dass man sich über die verschiedenen steuerlichen Absetzbarkeiten informiert und diese gezielt nutzt.

Eine Möglichkeit, Steuern zu sparen, sind sogenannte Sonderausgaben. Dies sind Ausgaben, die man im Rahmen seiner wirtschaftlichen Tätigkeit tätigt und die man von der Steuer absetzen kann. Dazu gehören zum Beispiel Arbeitsmittel, wie ein Computer oder ein Büro, aber auch Ausgaben für Bildung oder Spenden.

Eine weitere Möglichkeit sind die sogenannten Werbungskosten. Hierbei handelt es sich um Ausgaben, die man im Zusammenhang mit seiner beruflichen Tätigkeit tätigt und die man von der Steuer absetzen kann. Dazu gehören zum Beispiel Reisekosten, Kosten für eine Zweitwohnung oder auch Kosten für Fortbildungen.

Es gibt auch verschiedene Förderprogramme, die man nutzen kann, um Steuern zu sparen. Dazu gehört zum Beispiel die sogenannte "Eigenheimzulage", die man bekommt, wenn man in ein eigenes Haus oder eine eigene Wohnung investiert. Es gibt auch Förderprogramme für den Kauf von Elektromobilität oder für den Ausbau von energetisch effizienten Gebäuden.

Eine weitere Möglichkeit, Steuern zu sparen, ist durch die Nutzung von Verlustvorträgen. Hierbei handelt es sich um Verluste, die man in einem bestimmten Jahr erzielt hat, die man jedoch erst in einem späteren Jahr geltend machen kann.

Ein weiterer wichtiger Aspekt ist die Gestaltung von Verträgen und die Wahl der Rechtsform. Hierbei kann man durch gezielte Gestaltung Steuervorteile erzielen.

Es ist wichtig zu beachten, dass die Steuergesetzgebung ständig im Wandel ist und sich ändern kann. Daher ist es ratsam, sich regelmäßig über die aktuellen Steuervorteile zu informieren und gegebenenfalls Anpassungen in der Finanzplanung vorzunehmen. Es ist auch ratsam, sich von einem Steuerberater beraten zu lassen, um sicherzustellen, dass man die Steuervorteile optimal nutzt und keine Fehler bei der Steuererklärung macht.

Risiko- und Diversifikationsmanagement

Risiko- und Diversifikationsmanagement bedeutet, dass man sich mit den Risiken beschäftigt, die mit verschiedenen Investitionsmöglichkeiten verbunden sind und dass man die verschiedenen Investitionsmöglichkeiten so auswählt, dass das Gesamtrisiko möglichst gering ist.

Eine Möglichkeit, das Risiko zu minimieren, ist die Diversifikation. Diversifikation bedeutet, dass man sein Geld in verschiedene Anlageformen investiert, anstatt alles in eine einzige Anlageform zu stecken. Dadurch kann man das Risiko reduzieren, da eine Anlageform nicht allein das gesamte Portfolio beeinflussen kann.

Ein Beispiel für die Diversifikation wäre, wenn man sein Geld in verschiedene Aktien investiert und nicht nur in eine einzige Aktie. Auf diese Weise kann man das Risiko reduzieren, da ein Verlust bei einer Aktie durch Gewinne bei anderen Aktien ausgeglichen werden kann.

Eine weitere Möglichkeit, das Risiko zu minimieren, ist die Nutzung von Derivaten. Derivate sind Finanzinstrumente, die ihren Wert von einem anderen Finanzinstrument ableiten, wie zum Beispiel Aktien oder Währungen. Sie können verwendet werden, um das Risiko einer bestimmten Anlage zu minimieren.

Es ist auch wichtig, sich regelmäßig mit dem eigenen Risikoprofil auseinandersetzen und gegebenenfalls Anpassungen vorzunehmen. Dies kann bedeuten, dass man mehr in sichere Anlageformen wie Anleihen investiert und weniger in riskantere Anlageformen wie Aktien.

Es ist jedoch wichtig zu beachten, dass jede Art von Investition ein gewisses Risiko birgt und dass es keine Garantie für eine positive Rendite gibt. Aus diesem Grund ist es wichtig, sich gut zu informieren und sich von Fachleuten beraten zu lassen, bevor man Investitionsentscheidungen trifft.

Finanzielle Bildung für Kinder und Jugendliche

Finanzielle Bildung für Kinder und Jugendliche bedeutet, dass Kinder und Jugendliche lernen, wie sie mit Geld umgehen und wie sie ihre Finanzen verwalten können. Dies umfasst Dinge wie das Sparen, das Verwalten von Schulden und das Investieren.

Eine Möglichkeit, Kinder und Jugendliche in Bezug auf Finanzen zu unterrichten, ist durch die Vermittlung von grundlegenden Begriffen und Konzepten. Dies kann beinhalten, was Geld ist, wie es funktioniert und wie man es verdient. Es kann auch darum gehen, wie man ein Budget erstellt und wie man es einhält.

Eine andere Möglichkeit, Kinder und Jugendliche in Bezug auf Finanzen zu unterrichten, ist durch die Vermittlung von praktischen Fähigkeiten. Dies kann beinhalten, wie man ein Bankkonto eröffnet, wie man eine Kreditkarte verwendet und wie man Schulden abbezahlt. Es kann auch darum gehen, wie man ein Sparziel setzt, wie man sein Geld anlegt und wie man es vermehrt.

Eine weitere Möglichkeit, Kinder und Jugendliche in Bezug auf Finanzen zu unterrichten, ist durch das Schaffen von realen Anwendungsmöglichkeiten. Dies kann beinhalten, dass Kinder und Jugendliche ihr eigenes Geld verdienen, indem sie zum Beispiel einen Job haben oder ein eigenes Unternehmen gründen. Dies gibt ihnen die Möglichkeit, die Theorie in die Praxis umzusetzen und ihre Fähigkeiten zu verbessern.

Es ist wichtig, dass Kinder und Jugendliche früh anfangen, über Finanzen zu lernen, damit sie die Fähigkeiten haben, um erfolgreich mit Geld umzugehen, wenn sie erwachsen werden. Es ist auch wichtig, dass die Finanzielle Bildung von Eltern, Lehrern und anderen vertrauenswürdigen Erwachsenen vermittelt wird, um sicherzustellen, dass die Informationen korrekt und hilfreich sind.

Es ist auch wichtig darauf zu achten das Finanzielle Bildung nicht nur auf Mathematik und Finanzbuchhaltung beschränkt ist sondern auch Emotionale Aspekte sowie die gesellschaftlichen Zusammenhänge mit einbezieht. Eine gute Finanzielle Bildung sollte Kinder und Jugendliche dazu ermutigen, verantwortungsvolle Finanzentscheidungen zu treffen und ihnen die notwendigen Fähigkeiten und Werkzeuge zur Verfügung stellen, um ihre Ziele zu erreichen.

Ein weiterer wichtiger Aspekt der Finanziellen Bildung für Kinder und Jugendliche ist das Verständnis von Risiko und Diversifikation. Dies beinhaltet das Verständnis, dass es in der Welt des Investierens immer ein gewisses Risiko gibt und dass es wichtig ist, dieses Risiko durch die Verteilung des Geldes auf verschiedene Anlagen und Branchen zu minimieren. Dies ist bekannt als Diversifikation und kann dazu beitragen, das Risiko von Verlusten zu minimieren.

Insgesamt geht es bei Finanzielle Bildung für Kinder und Jugendliche darum, ihnen die Fähigkeiten und Werkzeuge zu geben, um erfolgreich mit Geld umzugehen und ihre Finanzen zu verwalten. Dies umfasst das Verstehen von grundlegenden Konzepten, die Vermittlung von praktischen Fähigkeiten und das Schaffen von realen Anwendungsmöglichkeiten, sowie das Verständnis von Risiko und Diversifikation. Es ist wichtig, dass diese Bildung von verantwortungsbewussten Erwachsenen vermittelt wird und dass sie Kinder und Jugendliche dazu ermutigt, verantwortungsvolle Finanzentscheidungen zu treffen.

Immobilieninvestitionen

Immobilieninvestition bedeutet im Grunde, dass du Geld in ein Immobilienprojekt steckst. Das kann zum Beispiel der Kauf eines Hauses oder einer Wohnung sein, das du dann vermietest, um regelmäßige Einnahmen zu erzielen. Oder es kann der Kauf von Grundstücken sein, auf denen später Gebäude errichtet werden.

Es gibt verschiedene Arten von Immobilieninvestitionen, wie zum Beispiel den Kauf von Wohnungen oder Häusern zur Vermietung, den Kauf von Gewerbeimmobilien wie Bürogebäuden oder Einkaufszentren, oder auch den Kauf von Grundstücken mit dem Ziel, sie später zu verkaufen, wenn der Preis gestiegen ist.

Ein Vorteil von Immobilieninvestitionen ist, dass sie in der Regel eine gute Rendite erzielen und dass sie langfristig eine gute Wertanlage darstellen. Immobilienpreise steigen in der Regel im Laufe der Zeit, was bedeutet, dass dein Investment im Wert steigt. Außerdem kannst du durch die Vermietung regelmäßige Einnahmen erzielen.

Ein Nachteil von Immobilieninvestitionen ist jedoch, dass sie auch mit einigen Risiken verbunden sind. Zum Beispiel kann es schwierig sein, eine Immobilie zu vermieten, wenn die Wirtschaft schlecht ist, was bedeutet, dass deine Einnahmen sinken können. Außerdem kann es teuer werden, eine Immobilie zu unterhalten und zu reparieren.

Es ist wichtig die eigene Finanzlage und Risikotoleranz zu berücksichtigen, bevor man sich für eine Immobilieninvestition entscheidet. Es ist auch wichtig, sich gründlich über die verschiedenen Optionen zu informieren und sich beraten zu lassen, bevor man eine Entscheidung trifft.

Ein weiterer wichtiger Aspekt ist die Standortwahl. Ein Immobilienprojekt in einer gewachsenen und beliebten Gegend hat in der Regel eine höhere Chance auf Erfolg als ein Projekt in einer weniger entwickelten Gegend. Es ist wichtig, die Wirtschaft, die Bevölkerungsentwicklung und die allgemeine Nachfrage in der Gegend zu untersuchen, bevor man sich für eine Immobilieninvestition entscheidet.

Ein weiterer wichtiger Aspekt bei Immobilieninvestitionen ist das Finanzierungskonzept.

Es gibt verschiedene Finanzierungsmöglichkeiten, wie z.B. eigenes Kapital, Kredite oder auch Investment-Fonds. Es ist wichtig, die Vor- und Nachteile der verschiedenen Finanzierungsmethoden zu verstehen und die am besten geeignete Methode für das eigene Investment zu wählen.

Abschließend lässt sich sagen, dass Immobilieninvestitionen eine gute Möglichkeit sein können, langfristig Geld anzulegen und regelmäßige Einnahmen zu erzielen. Es ist jedoch wichtig, sich gründlich über die verschiedenen Optionen zu informieren, die eigene Finanzlage und Risikotoleranz zu berücksichtigen und sich von Fachleuten beraten zu lassen, bevor man eine Entscheidung trifft. Es ist auch wichtig, die Standortwahl sorgfältig zu recherchieren und das Finanzierungskonzept sorgfältig zu planen. Es ist auch wichtig, das Management der Immobilie nach dem Kauf zu berücksichtigen, das kann entweder durch eine professionelle Verwaltungsgesellschaft oder durch den Eigentümer selbst übernommen werden.

Es ist auch wichtig, sich darüber im Klaren zu sein, dass Immobilieninvestitionen nicht für jeden geeignet sind und dass es auch Risiken gibt. Es ist wichtig, eine gründliche Analyse der Möglichkeiten und Risiken durchzuführen und sich nicht von der Aussicht auf hohe Renditen blenden zu lassen. Finanzielle Bildung und Verständnis für die Märkte und die Wirtschaft sind wichtig, um erfolgreich in Immobilien zu investieren.

Finanzielle Unabhängigkeit erreichen

Finanzielle Unabhängigkeit bedeutet, dass man genug Geld hat, um seinen Lebensstil ohne das müssen, einen regulären Job zu haben, aufrechtzuerhalten. Es bedeutet, dass man genug passives Einkommen hat, das mehr ist als die Ausgaben und das man dadurch die Fähigkeit hat, seine Zeit und Energie in Dinge zu stecken die einem wichtig sind, anstatt nur darauf zu achten, wie man seine Rechnungen bezahlt.

Ein Weg, dies zu erreichen, ist durch Sparen und Investieren. Indem man einen Teil des Einkommens spart und in Dinge wie Aktien, Immobilien oder Unternehmen investiert, kann man passives Einkommen generieren.

Es ist wichtig, eine gewisse Risikotoleranz zu haben und sich gründlich über die verschiedenen Investitionsmöglichkeiten zu informieren, bevor man Entscheidungen trifft.

Ein anderer Weg, finanzielle Unabhängigkeit zu erreichen, ist durch den Aufbau eines erfolgreichen Unternehmens oder durch die Entwicklung einer nachgefragten Fähigkeit, die man als Selbstständiger oder freiberuflicher Experte anbieten kann.

Es ist auch wichtig, seine Ausgaben zu kontrollieren und nicht unnötig Geld auszugeben. Indem man einen Haushaltsplan erstellt und sich an diesen hält, kann man sicherstellen, dass man genug Geld hat, um in seine Zukunft zu investieren und seinen Lebensstil aufrechtzuerhalten.

Es ist wichtig zu betonen, dass Erreichung der finanziellen Unabhängigkeit kein schneller Prozess ist, es erfordert Zeit und Geduld.

Es erfordert auch Disziplin, um die notwendigen Änderungen in Bezug auf Ausgaben und Investitionen zu treffen. Es ist wichtig, realistische Ziele zu setzen und sich auf den langfristigen Prozess zu konzentrieren, anstatt schnelle Ergebnisse zu erwarten.

Es ist auch wichtig, sich über die verschiedenen Steuervorteile und -vergünstigungen im Zusammenhang mit Investitionen und Sparen zu informieren, um sicherzustellen, dass man das meiste aus seinem Geld herausholt.

Finanzielle Unabhängigkeit erreichen erfordert auch eine gewisse mentale und emotionale Disziplin. Es kann verlockend sein, in Versuchung zu geraten, unnötig Geld auszugeben oder Risiken einzugehen, um schnellere Ergebnisse zu erzielen. Es ist wichtig, seine Emotionen im Zaum zu halten und sich an eine langfristige Strategie zu halten.

Letztendlich ist finanzielle Unabhängigkeit das Erreichen eines Zustands, in dem man die Freiheit hat, seine Zeit und Energie in die Dinge zu stecken, die einem wirklich wichtig sind, anstatt sich Sorgen über den nächsten Gehaltsscheck machen zu müssen.

Es erfordert Zeit, Anstrengung und Disziplin, aber durch die richtigen Entscheidungen und Maßnahmen kann jeder sein Ziel erreichen.

Finanzielle Notfallvorsorge

Finanzielle Notfallvorsorge bedeutet, dass du Vorbereitungen triffst, falls unerwartete Ereignisse wie ein Jobverlust, eine Krankheit oder eine Naturkatastrophe eintreten. Es geht darum, sicherzustellen, dass du genug Geld zur Verfügung hast, um deine Grundbedürfnisse zu decken und deine Finanzen stabil zu halten, wenn das Schlimmste passiert.

Ein wichtiger Teil der Notfallvorsorge ist es, ein Notgroschen zu haben. Das bedeutet, dass du einen bestimmten Betrag an Geld beiseitelegst, den du im Falle eines Notfalls verwenden kannst. Experten empfehlen, mindestens 3-6 Monate des Lebensunterhaltes auf einem Sparkonto zu haben.

Ein weiterer wichtiger Aspekt der Notfallvorsorge ist es, eine Versicherung abzuschließen. Dies kann eine Unfallversicherung, eine Krankenversicherung oder eine private Altersvorsorge sein. Diese

Versicherungen können dir helfen, die Kosten von unerwarteten Ereignissen zu decken.

Es ist auch wichtig, einen Finanzplan zu haben, der dir hilft, deine Ausgaben im Griff zu behalten und sicherzustellen, dass du genug Geld zur Verfügung hast, um deine Rechnungen zu bezahlen, falls du plötzlich ohne Einkommen dastehst.

Es ist auch ratsam, sich über staatliche Unterstützungsprogramme und Sozialleistungen zu informieren, die man in Anspruch nehmen kann, falls man in finanzielle Not gerät.

Es ist wichtig, regelmäßig seine Notfallvorsorgepläne zu überprüfen und anzupassen, falls sich die persönlichen Umstände ändern. Ein regelmäßiger Check-up hilft auch dabei, sicherzustellen, dass man immer auf dem neuesten Stand ist und dass die Notfallvorsorge auch weiterhin ausreichend ist.

Finanzielle Notfallvorsorge ist ein wichtiger Teil jeder Finanzstrategie, da es dir ermöglicht, dich auf unerwartete Ereignisse vorzubereiten und deine Finanzen stabil zu halten, wenn das Schlimmste passiert.

Es erfordert Zeit und Anstrengung, aber durch die richtigen Entscheidungen und Maßnahmen kann jeder eine solide Notfallvorsorge aufbauen.

Finanzielle Ziele erreichen

Finanzielle Ziele erreichen bedeutet, dass du dir konkrete Ziele setzt, die du in Bezug auf deine Finanzen erreichen möchtest, und dann Schritte unternimmst, um diese Ziele zu erreichen. Dies kann bedeuten, dass du dir Ziele setzt, wie zum Beispiel eine bestimmte Anzahl von Einkommen zu erreichen, eine bestimmte Summe an Geld auf ein Sparkonto zu legen, oder eine bestimmte Anzahl von Schulden abzubezahlen.

Ein wichtiger Teil des Prozesses, finanzielle Ziele zu erreichen, ist es, sich einen Finanzplan zu erstellen. Dieser Finanzplan sollte dir helfen, deine Ausgaben zu kontrollieren und sicherzustellen, dass du genug Geld hast, um deine Ziele zu erreichen.

Es sollte auch Maßnahmen enthalten, die du ergreifen wirst, um deine Ziele zu erreichen, wie zum Beispiel regelmäßig Geld auf ein Sparkonto zu überweisen oder Schulden abzubezahlen.

Ein weiterer wichtiger Teil des Prozesses ist es, sich realistische Ziele zu setzen. Du solltest Ziele haben, die erreichbar sind und die du innerhalb eines bestimmten Zeitraums erreichen kannst.

Es ist auch wichtig, sich kleinere Ziele zu setzen, die dich auf dem Weg zu deinen größeren Zielen unterstützen.

Es ist auch wichtig, flexibel zu sein und sich an die Veränderungen in deinem Leben anzupassen. Deine Ziele und dein Finanzplan sollten sich an deine aktuelle Situation anpassen, wenn sich diese ändert.

Ein weiteres wichtiges Element des Prozesses ist es, Verantwortung für deine Finanzen zu übernehmen. Das bedeutet, dass du dich über deine Finanzen informieren und lernen musst, wie du sie verwalten kannst. Du solltest auch lernen, wie du mit Risiken umgehen kannst und wie du dein Geld anlegen kannst, um es zu vermehren.

Schließlich ist es wichtig, dass du dich selbst belohnst, wenn du deine Ziele erreichst. Dies kann bedeuten, dass du dir etwas gönnst, dass du dir immer gewünscht hast, oder dass du dir eine Pause gönnst und etwas tust, dass du genießt. Auf diese Weise kannst du dich auf deine Erfolge konzentrieren und dich motivieren, weiterhin hart zu arbeiten, um deine Ziele zu erreichen.

Finanzielle Produkte verstehen und vergleichen

Finanzielle Produkte sind Angebote, die von Banken, Versicherungen und anderen Finanzinstituten bereitgestellt werden, um uns dabei zu helfen, unsere Finanzen zu verwalten. Dazu gehören zum Beispiel Konten, Kredite, Anleihen, Aktien, Fonds und Versicherungen. Um die beste Wahl für uns zu treffen, ist es wichtig, diese Produkte zu verstehen und miteinander zu vergleichen.

Ein Beispiel dafür ist das Vergleichen von Girokonten. Es gibt viele verschiedene Konten mit unterschiedlichen Konditionen wie zum Beispiel monatlichen Gebühren, Mindestguthaben oder kostenlosem Bargeldabheben. Indem wir uns die Konditionen dieser Konten genau ansehen, können wir das Konto auswählen, das am besten zu unseren Bedürfnissen passt.

Ein anderes Beispiel ist das Vergleichen von Krediten. Es gibt unterschiedliche Arten von Krediten wie Ratenkredite, Kreditkarten und Baufinanzierungen. Jeder Kredit hat seine eigenen Zinsen, Gebühren und Rückzahlungsbedingungen. Durch das Vergleichen dieser Faktoren können wir den Kredit auswählen, der am besten zu unserer Situation passt.

Es ist auch wichtig, die Risiken und Chancen von Finanzprodukten zu verstehen. Beispielsweise sind Aktien an der Börse gehandelte Wertpapiere, die uns die Möglichkeit geben, an den Gewinnen eines Unternehmens teilzuhaben. Allerdings können Aktienkurse auch stark schwanken und es besteht immer das Risiko eines Verlustes. Auf der anderen Seite bieten Anleihen eine feste Verzinsung, sind aber weniger risikoreich als Aktien.

In der Versicherung gibt es auch unterschiedliche Arten von Produkten und es ist wichtig zu verstehen, welche Versicherung für uns am besten ist. Ein Beispiel dafür ist die Unterscheidung zwischen einer Risiko- und einer Kapitallebensversicherung. Eine Risikoversicherung schützt uns vor finanziellen Verlusten im Falle von Tod oder Unfall, eine Kapitallebensversicherung bietet uns eine feste Verzinsung und eine Rückzahlung des eingezahlten Kapitals.

Alles in allem ist es wichtig, finanzielle Produkte zu verstehen und miteinander zu vergleichen, um die beste Wahl für unsere individuellen Bedürfnisse zu treffen. Dazu gehört es auch, die Risiken und Chancen der verschiedenen Produkte zu kennen und zu verstehen, wie sie sich auf unsere Finanzen auswirken können.

Ein guter Weg, um sich über Finanzprodukte zu informieren, ist durch die Beratung von Finanzberatern oder durch das Lesen von Fachliteratur. Es ist wichtig, sich Zeit zu nehmen, um die verschiedenen Optionen zu verstehen, bevor man eine Entscheidung trifft. So kann man sicherstellen, dass man die bestmögliche Wahl für die eigene Finanzlage trifft.

Vermögensaufbau und Vermögensverwaltung

Vermögensaufbau und Vermögensverwaltung sind Prozesse, die darauf abzielen, unsere Finanzen auf lange Sicht zu verbessern.

Der Vermögensaufbau bezieht sich darauf, unsere Finanzen so aufzubauen, dass wir in der Zukunft ein stabiles Einkommen haben und uns keine Sorgen über unsere Finanzen machen müssen.

Vermögensverwaltung bezieht sich darauf, unsere Finanzen zu verwalten, um sicherzustellen, dass sie wachsen und uns dabei helfen, unsere langfristigen Ziele zu erreichen.

Ein wichtiger Teil des Vermögensaufbaus ist das Sparen und Investieren. Durch das Sparen von Geld können wir unsere Finanzen stabilisieren und uns ein Polster für unvorhergesehene Ausgaben schaffen. Investieren hingegen ermöglicht uns, unser Geld arbeiten zu lassen und es zu vermehren. Hier gibt es verschiedene Möglichkeiten wie Aktien, Anleihen, Immobilien oder auch ETFs. Durch das Investieren in verschiedene

Anlageklassen können wir das Risiko minimieren und gleichzeitig die Chance auf höhere Renditen erhöhen.

Ein weiterer wichtiger Aspekt des Vermögensaufbaus ist die Schuldenreduzierung. Hohe Schulden können uns davon abhalten, unsere Finanzen aufzubauen und uns langfristig in Schwierigkeiten bringen. Daher ist es wichtig, Schulden so schnell wie möglich zu reduzieren und sich dabei auf diejenigen mit den höchsten Zinsen zu konzentrieren.

Die Vermögensverwaltung umfasst auch die Überwachung und Anpassung unserer Finanzen, um sicherzustellen, dass sie uns dabei helfen, unsere Ziele zu erreichen. Dazu gehört zum Beispiel die Überprüfung unserer Finanzen regelmäßig, um sicherzustellen, dass wir auf Kurs sind, um unsere Ziele zu erreichen. Es umfasst auch die Anpassung unserer Finanzen, wenn sich unsere Ziele oder Umstände ändern.

Es ist wichtig zu beachten, dass Vermögensaufbau und Vermögensverwaltung langfristige Prozesse sind und nicht von heute auf morgen erreicht werden können. Es erfordert Geduld, Durchhaltevermögen und Disziplin, aber durch eine gute Planung und Umsetzung können wir unsere Finanzen auf lange Sicht verbessern und uns eine sichere Zukunft aufbauen.

Es ist auch wichtig, einen Finanzberater oder einen Experten hinzuzuziehen, um uns bei der Umsetzung unserer Finanzpläne zu unterstützen und uns zu beraten, um Fehler zu vermeiden und die bestmöglichen Entscheidungen zu treffen. Es ist wichtig, dass wir uns mit unserem Finanzberater oder Experten gut verstehen und uns wohl fühlen, unsere Finanzen mit ihnen zu besprechen.

Ein weiterer wichtiger Faktor beim Vermögensaufbau und Vermögensverwaltung ist die Bildung und das Verständnis für Finanzthemen. Je mehr wir über Finanzen wissen, desto besser sind wir in der Lage, unsere Finanzen zu verwalten und Entscheidungen zu treffen, die uns helfen, unsere Ziele zu erreichen.

Insgesamt geht es beim Vermögensaufbau und Vermögensverwaltung darum, unsere Finanzen auf lange Sicht zu verbessern und uns eine sichere Zukunft aufzubauen.

Dies erfordert Geduld, Durchhaltevermögen, Disziplin und die Unterstützung von Finanzexperten. Durch eine gute Planung und Umsetzung können wir unsere Finanzen auf lange Sicht verbessern und uns eine sichere Zukunft aufbauen.

Finanzielle Fehler vermeiden

Finanzielle Fehler zu vermeiden bedeutet, sich bewusst dafür zu entscheiden, Entscheidungen zu treffen, die uns helfen, unsere Finanzen auf lange Sicht zu verbessern, anstatt uns kurzfristig in Schwierigkeiten zu bringen. Es geht darum, unsere Finanzen zu verstehen und unsere Entscheidungen auf einer soliden Finanzgrundlage zu treffen, um unser Geld und unsere Ziele zu schützen.

Einer der häufigsten finanziellen Fehler, die Menschen machen, ist das Übernehmen von zu hohen Schulden. Hohe Schulden können uns davon abhalten, unsere Finanzen aufzubauen und uns langfristig in Schwierigkeiten bringen. Es ist wichtig, Schulden so schnell wie möglich zu reduzieren und sich dabei auf diejenigen mit den höchsten Zinsen zu konzentrieren.

Ein weiterer häufiger Fehler ist das Fehlen eines Finanzplans. Ohne einen Finanzplan haben wir keine klare Vorstellung davon, wie wir unsere

Finanzen verwalten sollen oder welche Ziele wir erreichen wollen. Ein Finanzplan hilft uns dabei, unsere Ausgaben und Einnahmen zu verstehen, unsere Schulden abzubauen und unsere Ziele zu erreichen. Ein Finanzplan zu erstellen und ihn regelmäßig zu überprüfen, hilft uns dabei, finanzielle Fehler zu vermeiden und unsere Finanzen auf Kurs zu halten.

Ein weiterer häufiger Fehler ist das Verlassen sich auf Glück oder auf das Timing des Marktes, anstatt auf eine solide Finanzgrundlage und eine gute Finanzstrategie. Investieren sollte immer basierend auf einer gründlichen Recherche und einem Verständnis der Märkte und Unternehmen erfolgen, anstatt auf Gerüchte oder Vermutungen.

Es ist auch wichtig, Finanzprodukte sorgfältig zu verstehen und zu vergleichen, bevor man sich für eine Investition entscheidet. Einige Finanzprodukte können uns helfen, unsere Ziele zu erreichen, während andere uns schaden können. Es ist wichtig, sich mit Finanzexperten zu beraten und sich gut zu informieren, bevor man eine Entscheidung trifft.

Insgesamt geht es darum, unsere Finanzen bewusst zu verwalten und Entscheidungen auf einer soliden Finanzgrundlage zu treffen, um unsere Ziele zu erreichen und finanzielle Fehler zu vermeiden. Dies benötigt Disziplin, Geduld und die Unterstützung von Finanzexperten.

Finanzielle Zukunft planen

"Finanzielle Zukunft planen" ist ein Prozess, bei dem du deine finanziellen Ziele und Träume definierst und einen konkreten Plan entwickelst, um sie zu erreichen. Es ist wie eine Art GPS für deine Finanzen, das dir hilft, auf Kurs zu bleiben und sicherzustellen, dass du dich nicht auf einmal in einer unerwarteten finanziellen Krise wiederfindest.

Zuerst solltest du dir ein klares Bild davon machen, wie viel Geld du monatlich ausgibst und wie viel du einnimmst. Dann solltest du überlegen, was für Ziele du in naher Zukunft und auf lange Sicht hast, wie zum Beispiel eine Anzahlung für ein Haus, eine Weltreise oder die Rückzahlung deiner Schulden.

Sobald du weißt, was du erreichen möchtest, kannst du damit beginnen, einen Plan zu entwickeln, wie du diese Ziele erreichen kannst. Dies kann bedeuten, dass du mehr Geld sparen musst, deine Ausgaben kontrollierst oder in bestimmte Anlagen investierst. Du solltest auch regelmäßig deinen Fortschritt überprüfen und deinen Plan anpassen, falls nötig, um sicherzustellen, dass du immer auf Kurs bleibst.

Es ist wichtig zu beachten, dass finanzielle Planung keine Einbahnstraße ist. Es kann unerwartete Veränderungen geben, wie zum Beispiel eine Krankheit oder ein Jobverlust, die deine Pläne durcheinanderbringen können. Aber solange du bereit bist, flexibel zu bleiben und dich an die neuen Realitäten anzupassen, kannst du trotzdem erfolgreich sein.

Denk immer daran, dass das Ziel der finanziellen Planung nicht darin besteht, perfekt zu sein, sondern sicherzustellen, dass du finanziell sicher und glücklich bist, jetzt und in der Zukunft.

Bücher

Um dich weiter schlau zu machen, empfehle ich Dir nun noch einige Bücher, die ich persönlich als „Must read" ansehe, wenn du selbstständig und ortsunabhängig leben & arbeiten möchtest.

Ich habe sie alle einmal, zweimal oder sogar dreimal gelesen - es sind alles Bücher, die ich extrem hilfreich oder lehrreich fand.

Diese Liste soll leben.

Ich nehme hier gerne auch weitere Empfehlungen auf und erweitere die Liste somit sukzessive. Hast du einen Buchtipp, der hier unbedingt reingehört? Schreib' mir einfach.

Auch Podcast-Vorschläge oder Videokurs-Vorschläge sind herzlich Willkommen.

Ich freue mich auf spannende Vorschläge für diese Liste.

In diesem Buch erläutert Prof. Faltin, wie Jeder auch ohne viel Startkapital und „nur" mit guten Ideen ein Business aufbauen kann. Absolutes Must-Read.

Erfolgreiche Unternehmen entstehen im Kopf

Viele glauben zu wissen, wie es geht. Wenige tun es wirklich. Noch weniger sind damit erfolgreich. Nämlich damit, ein Unternehmen zu gründen. Günter Faltin, Gründer der Teekampagne, weiß aus Erfahrung, worauf es ankommt: ein Ideen-Kunstwerk zu schaffen aus vorhandenen, jedermann zugänglichen Komponenten. Den Kopf freizuhalten für die wichtigen Fragen. Den Horizont im Auge zu behalten, statt in den Alltagsanforderungen unterzugehen. An vielen Beispielen zeigt er, wie jeder ganz praktisch an eigenen Ideen arbeiten kann - je unkonventioneller man denkt, umso besser!

Kopf schlägt Kapital - Günther Faltin

Warum bleiben die Reichen reich und die Armen arm? Weil die Reichen ihren Kindern beibringen, wie sie mit Geld umgehen müssen, und die anderen nicht! Die meisten Angestellten verbringen im Laufe ihrer Ausbildung lieber Jahr um Jahr in Schule und Universität, wo sie nichts über Geld lernen, statt selbst erfolgreich zu werden.

Robert T. Kiyosaki hatte in seiner Jugend einen »Rich Dad« und einen »Poor Dad«. Nachdem er die Ratschläge des Ersteren beherzigt hatte, konnte er sich mit 47 Jahren zur Ruhe setzen. Er hatte gelernt, Geld für sich arbeiten zu lassen, statt andersherum. In Rich Dad Poor Dad teilt er sein Wissen und zeigt, wie jeder erfolgreich sein kann.

Rich Dad Poor Dad – Was die Reichen ihren Kindern über Geld beibringen

Niemand beherrschte »die Kunst, über Geld nachzudenken« so perfekt wie Börsenguru André Kostolany. Millionen Anleger verehren den Meister des Aktiengeschäfts, dessen Bücher allesamt zu Bestsellern wurden. Hier erklärt er die grundlegenden Geheimnisse und Tricks der Spekulanten – und nennt die wichtigsten Einflussfaktoren für das Börsengeschehen.

André Kostolany – Die Kunst über Geld nachzudenken

FBV

Benjamin Grahams Bestseller ist ein großartiger Investment-Ratgeber und der Klassiker zum Thema „Value Investing".

Seit Erscheinen der Erstausgabe 1949 ist Benjamin Grahams Buch der meistgeschätzte Wegweiser, wenn es um Investments geht. Der Grund dafür ist seine zeitlose Philosophie der Anlage in Wachstumswerte, die den Anlegern dabei hilft, mögliche Stolpersteine zu erkennen und langfristige Erfolgsstrategien zu entwickeln, mit denen sie wirklich Gewinne machen. Das Buch basiert auf seinen grundlegenden Erkenntnissen und der Markterfahrung vieler Jahre. In diesem Buch werden sowohl der konservative als auch der spekulative Anleger berücksichtigt, wobei für beide Gruppen angemessene Strategien zur Aktienauswahl vorgestellt werden, die auf dem Prinzip einer intelligenten Depotstruktur beruhen.

Der Bestseller über die richtige Anlagestrategie – Intelligent Investieren

Wer glaubt, nun die Weisheit „mit dem Löffel" gegessen zu haben, weil er dieses Buch gelesen hat, der hat auf die eine Art recht und irrt aber auch zugleich. Es gibt im Japanischen folgendes Sprichwort: Der Weg ist das Ziel. Will man, wie eingangs erwähnt, sich eines passiven Einkommens bemächtigen, sollte der Wechsel vom aktiven zum passiven Einkommen graduell erfolgen. Man begibt sich nämlich auf einen Weg, bei dem das Ziel zunächst ungewiss ist: Welche Rolle wird das passive Einkommen in meinem Leben spielen, wie stark wird mein aktives Einkommen dadurch ersetzt?

Man sollte sich, nachdem man ein Konzept ausgearbeitet hat, stets Zeit lassen und vor allem eine klare monatliche Ausgabengrenze festlegen. Im Grunde muss man nämlich wie ein Unternehmer vorgehen, der seine Vision von seinem Erfolg hat, aber erst auf dem Weg erfahren wird, wie erfolgreich er wirklich sein wird. Natürlich kann man Visionären wie Thomas Alva Edison, Steve Jobs oder Bill Gates „nacheifern" - aber es sollte eher darum gehen, mit sich im Einklang stehen zu können, ohne auf ein stetiges und gutes, passives Einkommen zu verzichten.
Geht man maßvoll mit seinen Ressourcen um, dann wird das Generieren eines passiven Einkommens eine sehr befriedigende und erfolgreiche Tätigkeit sein.

Haftungsausschluss

Der Inhalt dieses Buches wurde mit großer Sorgfalt geprüft und erstellt.

Für die Vollständigkeit, Richtigkeit und Aktualität der Inhalte kann jedoch keine Garantie übernommen werden.

Der Inhalt dieses Buches repräsentiert die persönliche Erfahrung und Meinung des Autors und dient nur der Unterhaltung.

Der Inhalt sollte nicht mit medizinischer Hilfe verwechselt werden.

Es wird keine juristische Verantwortung oder Haftung für Schäden übernommen, die durch kontraproduktive Ausübung oder Fehler des Lesers entstehen.

Es kann keine Garantie für den Erfolg übernommen werden. Der Autor übernimmt daher keine Verantwortung für das Nicht-Erreichen der im Buch beschriebenen Ziele.

Dieses Buch enthält Links zu anderen Webseiten. Auf den Inhalt dieser Seiten haben wir keinen Einfluss.

Deshalb kann auf diesen Inhalt auch keine Gewähr übernommen werden. Die verlinkten Seiten wurden zum Zeitpunkt der Verlinkung auf mögliche Rechtsverstöße überprüft.

Für die Inhalte der verlinkten ist aber der jeweilige Anbieter oder Betreiber der Seiten verantwortlich.

Rechtswidrige Inhalte konnten zum Zeitpunkt der Verlinkung nicht festgestellt werden.

Kontakt: Michael Medvidov, Aufm Hennekamp 96,

40225 Düsseldorf

Coverfoto: Michael Medvidov

ISBN: 9798378682584

Entdecke Schwachstellen in deinen Finanzen und finde heraus, wo du sparen kannst - mit meinem kostenlosen Finanzanalyse-Tool!